Би-би! Поехали!
Brrmm! Let's Go!

Julie Kingdon
Illustrated by Leo Broadley

Russian translation by Dr. Lydia Buravova

Mantra Lingua

Я – Лиан, и я еду позади
папы на его велосипеде.
Поехали!

I'm Lian and I ride on the
back of Daddy's bicycle.

bring

briiing!

Let's go!

Я – Джон, и я еду по полю на папином тракторе.
Поехали!

My name's John. I'm riding through the fields on Dad's tractor.

Rumble-grumble judder-trundle!

Let's go!

Меня зовут Фалда. Мы мчимся с моей старшей сестрой на ее снегоходе. Поехали!

I'm Falda and I'm whizzing along on my big sister's snow-mobile.

Vrmmm Vrmmm

Varrooooom!

Let's go!

Меня зовут Люсия. Мы с папой скользим по воде в его гондоле. Поехали!

My name's Lucia. My daddy and I glide through the water in his gondola.

Splash splish swoosh swish!

Let's Go!

Я – Сера, и наш гидросамолет садится на воду.
Поехали!

I'm Sera and I'm landing on the water in my aunty's seaplane.

Niiiaaaw woosh judder judder Sploosh!

Let's go!

Меня зовут Лизи. Мы с братом
едем в такси.
Поехали!

My name's Lizzie. My brother
and I are riding in a taxi.

be eep

be eep!

Let's Go!

Я – Ниран, и я еду домой на дядином тук-туке.
Поехали!

I'm Niran and I'm riding home on my uncle's Tuk-tuk.

Honk honk

bounce brake!

Let's go!

Меня зовут Тумайло. Я летаю с мамой на ее вертолете.
Поехали!

My name is Tumelo. I can fly with my mum in her helicopter.

Swish swish whirr vrrrum!

Let's Go!

Я – Масак, и я несусь по снегу в нартах с лайками.
Поехали!

I'm Massak and I'm zooming across the snow on a sledge pulled by huskies.

Woof woof
whiiiiiiiizzzzzz!

Let's go!

Меня зовут Арпан. Я еду на поезде через всю страну. Поехали!

My name's Arpan. I'm travelling through the country on a train.

Clickerty

clickerty

clackerty

Whooooooooooooosh!

Let's go!

Я – Захур, и я еду на папином мотоцикле.
Поехали!

I'm Zahur and I'm riding on my dad's motorbike.

PHUT PHUT

VVRRRRROOOOOM!

LET'S GO!